AF360137

# RAPPORT

AU MINISTRE

DE L'INSTRUCTION PUBLIQUE ET DES BEAUX-ARTS

SUR LES

## TRAVAUX D'INVENTAIRE

ET DE

## Catalogue de la Bibliothèque nationale



PARIS

IMPRIMERIE ADMINISTRATIVE DE PAUL DUPONT

41, RUE JEAN-JACQUES-ROUSSEAU, 41

1876

Paris, le 29 mai 1876.

Monsieur le Ministre,

Par un arrêté du 16 octobre dernier, votre prédécesseur avait institué une Commission (1), chargée d'examiner l'état des travaux de catalogue et d'inventaire exécutés ou entrepris au département des imprimés de la Bibliothèque nationale, et de rechercher, de concert avec l'administrateur général et le comité consultatif de cet établissement, le moyen d'obtenir, dans un bref délai, un catalogue ou inventaire général. Aujourd'hui, Monsieur le Ministre, je viens vous rendre compte des délibérations de cette commission, et soumettre à votre approbation les mesures qu'elle a cru devoir recommander et dont les principales ont déjà subi une expérience de plusieurs mois.

Les questions générales que soulève le bon aménagemen d'une bibliothèque sont depuis longtemps résolues en principe, et les bibliothécaires sont d'accord sur les opérations fondamentales auxquelles doivent être soumis les ouvrages dont la garde leur est confiée. Tout livre doit être enregistré au moment même où il entre dans l'établissement; il doit immédia-

---

(1) Cette Commission était composée de :

MM. Léopold Delisle, de l'Institut, administrateur général de la Bibliothèque nationale, président ;
    Bertrand, secrétaire perpétuel de l'Académie des sciences ;
    Hauréau, de l'Institut, directeur de l'Imprimerie nationale ;
    Maury, de l'Institut, directeur général des Archives nationales ;
    Meyer, professeur au Collége de France ;
    Tardieu, bibliothécaire de l'Institut ;
    Thurot, de l'Institut, maître de conférences à l'École normale superieure ;
    De Wailly, de l'Institut, conservateur sous-directeur honoraire à la Bibliothèque nationale ;
    le baron O. de Watteville, chef de la division des sciences et lettres au Ministère de l'instruction publique.

1

tement recevoir une cote indicative de la place qu'il occupera
sur les rayons, cote immuable et indélébile, ou du moins qui
ne disparaîtra jamais sans qu'un tableau de concordance ne
fasse connaître la nouvelle cote qui aurait été substituée à la
première ; le titre du livre doit être relevé sur des catalogues
ou répertoires, dont le plan peut varier à l'infini, mais qui se
rattacheront toujours à deux types bien distincts : type méthodique, c'est-a-dire catalogue dans lequel les ouvrages sont
rangés systématiquement suivant l'ordre des matières, et type
alphabétique, c'est-à-dire répertoire dans lequel les ouvrages
sont portés suivant l'ordre alphabétique des noms d'auteurs
ou des noms de matières.

Ces principes admis, supposons une bibliothèque dont tous
les livres, portant des cotes régulières et peu compliquées,
sont rangés sur les rayons d'après l'ordre même des cotes ; un
inventaire indiquera la succession des cotes, le titre de l'ouvrage qui répond à chacune d'elle, et la condition matérielle
de l'exemplaire ; un catalogue méthodique, dont les cadres
auront été empruntés aux bibliographies générales ou par-
ticulières les plus accréditées, présentera, groupés sous une
même rubrique, les titres des ouvrages relatifs à une même
matière ; un répertoire alphabétique donnera le relevé, non-
seulement des noms d'auteurs et pour les ouvrages anonymes
des premiers mots des titres, mais encore des mots caracté-
ristiques (noms de lieux, noms de personnes et noms de
matières) à l'aide desquels un livre peut être recherché et
retrouvé ; enfin, des répertoires ou catalogues spéciaux, com-
portant parfois des développements scientifiques plus ou moins
étendus, fourniront la description de certaines catégories de
livres, plus particulièrement dignes d'attention, par exemple
les incunables, les impressions sur vélin ou sur papier exceptionnel, les premiers produits typographiques de chaque ville,
la série des travaux des grands imprimeurs, les collections
formées par des savants ou des amateurs sur un sujet déterminé, les exemplaires annotés, les volumes remarquables
par la reliure dont ils sont revêtus, par le nom des anciens
possesseurs ou par la célébrité des bibliothèques dont ils ont
fait partie. Dans l'inventaire, dans le catalogue méthodique,
dans le répertoire alphabétique général et dans les répertoires
ou catalogues spéciaux dont il vient d'être question, chaque
article sera suivi ou précédé de la cote assignée à chaque

volume, sans préjudice de numéros d'ordre, qui pourront faciliter des renvois et servir à la rédaction de tables particu-
lières.

La bibliothèque, munie de pareils instruments de recherches,
sera administrée, sans le moindre embarras et rendra tous les
services qu'on peut lui demander. Aucun volume n'en saurait
disparaître sans que la lacune ne fût révélée par l'absence d'une
cote et sans que l'inventaire n'indiquât le titre et l'état du volume disparu. Au moyen du catalogue méthodique, on con-
nait toutes les ressources que la collection fournit pour un
genre d'étude déterminé. Le répertoire alphabétique général
permet, non-seulement de s'assurer si la bibliothèque renferme
tel ou tel ouvrage dont le titre est connu d'une façon rigoureuse ou même approximative, mais encore de savoir exactement la place à laquelle il est rangé dans l'établissement. Enfin,
les répertoires ou catalogues spéciaux abrégent les recherches
de certaines classes de savants, de bibliographes et de cu-
rieux.

L'ordre est ainsi facile à établir et à maintenir dans une
bibliothèque, pourvu que les nouveaux arrivants puissent :
1° recevoir leur cote sans retards et sans tâtonnements ; 2° prendre immédiatement sur les rayons la place définitive qu'ils doivent occuper ; 3° figurer sur l'inventaire, sur le catalogue
méthodique, sur le répertoire alphabétique général et sur les
catalogues ou répertoires spéciaux.

La théorie dont les points principaux viennent d'être rap-
pelés n'a rien de nouveau. Ce n'est pas faute d'en avoir reconnu
les mérites que les bibliothécaires de la Bibliothèque nationale
n'ont point encore réussi à sortir des embarras que nous a
légués un arriéré de près d'un siècle. Si le succès n'a point
répondu à leurs efforts, c'est qu'ils n'avaient pas suffisamment
calculé l'immensité de la tâche ; c'est surtout qu'ils s'étaient
mépris sur l'étendue des ressources nécessaires pour mener
à bonne fin des opérations multiples et délicates, alors qu'elles
portent sur une masse de deux millions de volumes, accrue
chaque jour par des suppléments considérables, alors surtout
que, pour ne pas interrompre et entraver le service public,
il faut, pendant la durée du travail, ne pas modifier d'anciens
classements et respecter une foule d'expédients imaginés pour
suppléer à l'absence de cotes, d'inventaires, de catalogues et
de répertoires, dans des séries volumineuses et fort importantes.

Ce n'est donc pas faute d'avoir bien fixé le but qu'il faut
atteindre, ni d'avoir tracé le plan à suivre, ni d'avoir travaillé
avec énergie et persistance, que l'administration de la Bibliothèque nationale, après quarante années d'efforts, ne possède
encore que les catalogues ou les éléments de catalogues, méthodiques et alphabétiques, indiqués dans une note qui a
été mise sous les yeux de la Commission et dont le texte
est annexé au présent Rapport. Le mal, dont il ne faut pas se
dissimuler la gravité, est venu de l'insuffisance des ressources
et surtout de l'ambition d'accomplir une œuvre parfaite et irré-
prochable. Le rapporteur de la Commission de 1857, M. Mérimée, l'avait déjà constaté : « Pour vouloir, disait-il trop bien
« faire tout d'abord, on allonge prodigieusement le travail, et,
« sous prétexte de donner au monde savant un catalogue-
« modèle, on n'a pas encore un inventaire pour le service
« des employés et des lecteurs, pour la garantie d'une pro-
« priété de l'Etat. » Ce qui était parfaitement exact en 1857,
ne l'est guère moins en 1876. L'expérience des vingt dernières
années a donné raison à M. Mérimée et a surabondamment dé-
montré qu'on est engagé dans une voie sans issue. Tel a été, Monsieur le Ministre, l'avis unanime de la Commission, qui, après
avoir examiné l'état de la question, a été frappée non-seulement
de l'immensité des lacunes qui restent à combler, mais encore de
la disproportion qui existe entre la somme de travail accompli
et l'avantage que le public en pourra tirer d'ici longtemps.
Les causes du mal sont fort complexes; il a donc paru con-
venable d'y apporter des remèdes de plus d'un genre. D'autre
part, les séries bibliographiques du département des imprimés
n'étant pas toutes dans une situation analogue, des règles uni-
formes et inflexibles ne sauraient, sans danger, leur être in-
distinctement appliquées. La Commission a donc proposé des
mesures différentes pour les séries qui ont été précédemment
l'objet de travaux, plus ou moins avancés, de classement,
d'inventaire ou de catalogue.

La série de l'Histoire de France, par son importance et encore plus par les soins qui lui ont été consacrés, méritait une
attention particulière. Cette série, pour la constitution de laquelle rien n'a été épargné, comprend plus de 440,000 volumes
ou pièces, classés méthodiquement et dont il existe un catalogue systématique et un répertoire alphabétique, l'un et l'autre
tenus constamment à jour. On continuera d'insérer dans ce

catalogue et dans ce répertoire les articles nouveaux qui viennent, chaque jour, s'ajouter à l'ancien fonds, et dont la place est marquée d'avance à la fin de chacune des nombreuses divisions du cadre adopté. Aucune difficulté sérieuse ne se présente de ce côté.

Ce qui cause quelque embarras, c'est la façon dont se terminera la publication du Catalogue de l'histoire de France. Entreprise il y a plus de vingt ans, l'impression du catalogue, qui ne remplit pas moins de neuf gros volumes et demi, et qu'on a, non sans raison, placé à côté de la Bibliothèque historique du P. Lelong et de Fevret de Fontette, fut, à proprement parler, terminée en 1870. Mais, pendant les quinze années qu'avait duré l'impression, des milliers d'articles étaient venus compléter la plupart des chapitres et fournir la matière de suppléments, dont parfois l'étendue dépassait celle du fonds primitif. Ces accroissements étaient dus, tantôt à un examen plus approfondi de séries imparfaitement explorées, dans lesquelles on avait reconnu, après coup, la présence de pièces susceptibles d'être rattachées à l'histoire de France, tantôt à l'acquisition de collections spéciales, telles que celle de Labédoyère, au moyen de laquelle on a pu doubler certains paragraphes de l'histoire de la Révolution. Les événements de chaque jour amènent aussi la publication de documents de plus en plus nombreux, et la réunion de ce que les presses françaises et étrangères ont produit sur l'histoire nationale des dernières années, suffirait pour former une volumineuse bibliothèque.

En 1870, quand on terminait l'impression du catalogue méthodique de toutes les pièces de l'histoire de France, dont l'existence avait été constatée sur nos rayons, le jour où la copie de chaque sous-division avait été livrée aux compositeurs, il eût été sage de s'arrêter et d'aborder la rédaction et l'impression des tables alphabétiques. Le désir d'épuiser la matière et de donner au monde savant « le recueil bibliographique le plus riche et le plus utile qui eût jamais été composé, » fit adopter un autre parti. On se décida à publier un supplément, dont les dimensions ne pouvaient pas être déterminées, même d'une façon approximative : on voulait, en effet, y faire entrer non-seulement les additions constatées le jour où commençait l'impression du supplément, mais aussi celles qui devaient survenir pendant l'impression et auxquelles la gravité des évé-

nements de 1870 à 1876 a donné une prodigieuse exten-
sion. Il en est résulté que 1856 colonnes n'ont pas suffi, à
beaucoup près, pour enregistrer les articles additionnels dont
se sont grossis les trois premiers chapitres du catalogue. En
suivant ce plan, trois volumes et demi, au moins, seraient
occupés par un supplément, qui, par la force même des choses,
serait toujours incomplet, puisque, le lendemain même du jour
où la composition d'une partie du supplément est arrêtée, la
Bibliothèque reçoit des livres ou des brochures se rattachant
à la même subdivision bibliographique ou à celles qui la pré-
cèdent. La Commission a donc, sans aucune hésitation, décidé
qu'il n'y aurait pas lieu de pousser l'impression des suppléments au delà du volume qui est actuellement sous presse et
dont les 63 premières feuilles sont aujourd'hui tirées. Ainsi,
le Catalogue imprimé de l'histoire de France consistera en onze
volumes, comprenant les quinze chapitres entre lesquels ont
été réparties les matières de l'histoire de France, et un supplément pour les trois ou quatre premiers chapitres.

A ces onze volumes, succéderont les tables alphabétiques,
qui sont indispensables pour mettre pleinement en valeur la
riche collection de matériaux entassées dans le catalogue. Ces
tables rempliront deux volumes. Encore, pour ne pas dépasser
ces limites, faudra-t-il se restreindre aux indications stricte-
ment indispensables. Les tables alphabétiques seront au nombre de deux : la première, et la plus considérable, contiendra
les noms d'auteurs avec le titre très-abrégé des différents
ouvrages de chaque auteur ; la deuxième sera réservée aux
ouvrages anonymes qui seront rangés suivant l'ordre alphabétique des premiers mots des titres, ce qui ne dispensera pas
d'insérer à leur place, dans la première table, les noms des
auteurs d'ouvrages anonymes, lorsque ces noms auront pu être
déterminés. Quant aux ouvrages et aux documents dépourvus
de titre et de nom d'auteur, on pourra, toute les fois qu'il
s'agira d'une société, d'un corps ou d'une collectivité d'indi-
vidus dont le lieu de réunion est indiqué, les porter dans la
première table au nom géographique ou autre qui paraîtra le
plus caractéristique. En dehors de ces deux tables, quelques
pages seront consacrées au relevé de tous les mots signifi-
catifs contenus dans la rubrique de chacune des divisions et
des subdivisions du catalogue.

La Commission a mûrement examiné la manière dont les

renvois de la table seraient indiqués. Deux systèmes étaient en présence : renvoi à la cote de classement, ou renvoi au tome, à la page et à la colonne du catalogue où se trouve relevé le titre de l'ouvrage ou de la pièce. Dans le premier cas, la table alphabétique donne directement le moyen de trouver sur les rayons, l'ouvrage ou la pièce ; dans le second, le lecteur, auquel la table alphabétique a fourni la mention qui l'intéresse, est obligé de recourir à l'article correspondant du catalogue systématique, pour obtenir la cote au moyen de laquelle le volume ou la pièce pourra être recherché sur les rayons. Le premier procédé est de beaucoup le plus expéditif ; la Commission n'a pas cru cependant qu'il dût être préféré. Les cotes adoptées par le rédacteur du catalogue sont, en effet, trop compliquées pour pouvoir être reproduites par les typographes, sans un travail excessif et sans un grand risque d'erreurs nombreuses et irréparables. Dans les tables du catalogue, les chiffres qui termineront chaque article renverront donc, non pas aux cotes de classement, mais aux pages du catalogue. Ce système est d'ailleurs justifié par les meilleurs exemples : il a été adopté pour la rédaction de la table alphabétique que la direction générale des Archives nationales vient d'ajouter à l'inventaire sommaire des fonds de cet établissement.

L'achèvement du Catalogue des sciences médicales soulevait à peu près les mêmes questions que le Catalogue de l'histoire de France. Les deux premiers volumes en ont été imprimés en 1857 et en 1873. Il resterait à publier les trois chapitres relatifs aux eaux minérales, à la médecine légale et à l'art vétérinaire, un appendice réservé aux thèses, des suppléments et les tables alphabétiques. La Commission estime qu'il y a lieu de limiter à trois volumes la publication du Catalogue des sciences médicales. Le troisième et dernier volume se composera uniquement des chapitres concernant les eaux minérales, la médecine légale et l'art vétérinaire, et des tables alphabétiques. Les suppléments resteront manuscrits et seront tenus à jour d'après les règles observées depuis le commencement de l'impression. Quant aux thèses, la table alphabétique par noms d'auteurs pourra en être copiée sur registre, puis transformée en une table alphabétique par noms de matières. Pour faciliter ces opérations, tous les recueils factices de thèses, anciens et modernes, seront conservés, et les thèses que la Bibliothèque possède à l'état isolé, seront constituées en recueils.

L'Histoire de France (L) et les Sciences médicales (T) sont les deux seules séries dont le catalogue ait été préparé et à peu près achevé en vue de la publication. Mais plusieurs petites séries historiques relatives à l'Angleterre (N), à l'Espagne et au Portugal (O), à l'Asie (O²), à l'Afrique (O³), à l'Amérique (P) et à l'Océanie (P²) ont été l'objet de classements et de catalogues du même genre. Depuis longtemps le travail est complet pour ce qui concerne l'histoire de la Grande-Bretagne; l'autographie du catalogue de cette série, entreprise en décembre 1874, se poursuit aussi activement que le permettent les ressources dont nous disposons. Pour les autres séries, il reste à ranger les volumes ou les pièces suivant l'ordre adopté pour le classement méthodique, puis à en autographier les catalogues, si l'essai tenté sur le catalogue de l'histoire d'Angleterre donne des résultats aussi satisfaisants que nous sommes en droit de l'espérer. Toutes les séries dont il est ici question ont été subdivisées en paragraphes plus ou moins nombreux, à la fin desquels les nouvelles acquisitions ont leur place marquée d'avance.

Ainsi, les volumes ou les pièces des séries L, N-P² et T sont dans un état relativement satisfaisant : à peu d'exceptions près, tous sont cotés ou à la veille d'être cotés; tous sont mentionnés sur des catalogues méthodiques, aussi bien que sur des répertoires alphabétiques. Les autres séries sont beaucoup en retard; et c'est sur elles que l'attention de la Commission a dû se porter plus particulièrement.

Les six premières séries du département des imprimés, distinguées par les lettres A, B, C, D, D² et E, sont consacrées à la théologie et au droit canon. Chacune de ces six séries, sans parler des coupures exigées par la différence des formats, se partage en trois fonds : le fonds porté aux anciens catalogues, pour lequel le classement repose sur l'ordre méthodique; le fonds non porté, dans lequel le classement est alphabétique; enfin les suppléments, dans lesquels prennent place, uniquement d'après l'ordre d'arrivée, les livres acquis ou retrouvés après coup. Les volumes et les pièces des séries A-E ont été numérotés et inventoriés suivant la place qu'ils occupent, comme il vient d'être dit, sur les rayons de la Bibliothèque; il en existe donc un inventaire proprement dit, mais ni catalogue

systématique, ni répertoire alphabétique. L'inventaire des séries A-E devra être au plus tôt transformé en un répertoire
alphabétique, sans lequel les recherches seraient toujours très-
longues et parfois tout à fait impossibles.

Le mal est encore bien autrement grave dans les séries
dont il n'a pas encore été question. En effet, beaucoup des
volumes ou des pièces qui les composent ne sont inscrits sur
aucun inventaire, sur aucun catalogue, sur aucun répertoire ;
ils ne portent point de cote, et sont à peine marqués de la let-
tre caractéristique de la série à laquelle ils ont été rattachés,
et dans laquelle ils sont rangés suivant l'ordre alphabétique
des noms des auteurs ou des premiers mots du titre.

Entreprendre sur ces séries un travail analogue à celui
auquel ont été soumises les séries L, N-P² et T, serait poursui ·
vre un résultat fort incertain, dont la génération actuelle ne
serait pas appelée à recueillir le bénéfice. Se borner, comme
on l'a fait pour les séries A-E, à un simple inventaire, dans
lequel les volumes et les pièces sont enregistrés dans l'ordre
suivant lequel ils se présentent sur les rayons, ce serait immo-
biliser l'état actuel et consacrer en quelque sorte un désordre
réel, sans augmenter d'une façon bien notable les moyens que
nous avons de nous assurer si un ouvrage est à la Bibliothèque.

La Commission a pensé que ni l'un ni l'autre de ces partis
n'était acceptable. S'inspirant des considérations développées
par le rapporteur de la Commission de 1857, elle a condamné
de nouveau le système des intercalations et a adopté l'opinion
des bibliographes qui pensent que l'ordre dans lequel les
livres sont placés sur les rayons est tout à fait indépendant de
l'ordre à suivre dans la rédaction des catalogues. Avec ce
système, la place du livre est immuable et déterminée par une
cote définitive, ce qui n'empêche pas de dresser des catalogues méthodiques et de réaliser sur le papier les classements
les plus complets et les plus perfectionnés. Pour appliquer ce
système, les nouvelles acquisitions ne peuvent point s'intercaler dans les fonds antérieurement constitués ; elles ne sauraient s'y ajouter que par voie de juxtaposition. Il a donc été
décidé qu'à partir du 1er janvier 1876, les anciennes séries
seraient considérées comme closes, que les volumes dont elles
se composent, ceux des fonds portés comme ceux des fonds non
portés, recevraient des cotes déterminées par la place qu'ils

occupent sur les rayons, qu'un inventaire alphabétique en serait
immédiatement dressé, sans aucun souci de l'ordre méthodique,
et qu'à côté des anciennes séries s'ouvrirait une série nouvelle destinée à enregistrer les futures acquisitions, avec des
numéros indépendants des numéros de l'ancienne série cor-
respondante.

Les avantages de ce procédé sont faciles à saisir : chaque
volume est muni d'une cote qui permet de le trouver et de le
replacer sur les rayons sans le moindre tâtonnement ; on s'é-
pargne les retards et les incertitudes auxquels un bibliothé-
caire est condamné quand il doit chercher la véritable place
d'un livre dans des cadres à l'établissement desquels l'arbi-
traire et la subtilité ne sauraient rester étrangers ; toutes les
cartes rédigées au bureau du catalogue peuvent être considérées comme définitives ; il n'est plus nécessaire de les repren-
dre après coup pour y ajouter les numéros d'un classement méthodique, dont on ne peut s'occuper qu'après avoir dépensé des
années de travail pour rechercher et coordonner les éléments
d'une série complète ; du jour même où elles sont rédigées, les
cartes rendent tous les services qu'on peut leur demander,
puisqu'elles indiquent non-seulement l'existence du livre à la
Bibliothèque, mais encore la place rigoureuse et immuable qui
lui est assignée sur les rayons.

Mais il ne suffit pas d'établir et de maintenir l'ordre dans
nos collections. Il faut, avant tout, se préoccuper des moyens
qui doivent assurer la promptitude des recherches et des communications. Avec les mesures qui viennent d'être proposées,
il faut donc concilier d'anciennes habitudes, sur lesquelles a
jusqu'à présent reposé en grande partie le service du département des imprimés, habitudes qui n'ont pu être contractées
sans de véritables efforts de mémoire et de réflexion et qu'on
ne saurait troubler impunément. Depuis bien des années, la
plupart des ouvrages demandés au département des imprimés
sont recherchés et communiqués sans que personne ait recours
aux catalogues ou aux répertoires. Guidés par une longue
expérience, les conservateurs et les bibliothécaires devinent
à quelle série appartient le livre qui leur est demandé par un
lecteur ; ils en transmettent le bulletin à l'employé ou à l'auxi-
liaire chargé du service de la série ; et très-souvent, il faut
bien le reconnaître, celui-ci trouve sans beaucoup de tâtonnements le livre demandé et qu'il a dû rechercher tantôt d'après

l'ordre méthodique dans le fonds porté, tantôt d'après l'ordre alphabétique dans le fonds non porté. C'est seulement quand les conservateurs et les bibliothécaires ont des doutes sur la série à laquelle un livre a été rattaché, ou bien encore quand les recherches poursuivies en face des rayons sont restées infructueuses, qu'on se décide à consulter des catalogues et des répertoires, trop incomplets et trop peu usuels pour qu'ils puissent servir de point de départ à la recherche de la plupart des livres dont la communication nous est demandée chaque jour.

Les réformes que la Commission a adoptées ne modifieront pas d'ici longtemps les habitudes dont l'origine et l'utilité viennent d'être expliquées. A l'avenir, comme par le passé, les employés et les auxiliaires, chargés de trouver les livres, s'aideront de leur mémoire et de leur expérience pour les rechercher dans le fonds porté et dans le fonds non porté, puisque, dans l'un et dans l'autre de ces fonds, rien ne modifiera l'ordre suivant lequel les volumes et les pièces sont depuis plus ou moins longtemps rangés sur les rayons. La seule modification portera sur les articles entrés à la Bibliothèque à partir de l'année 1876. Ils ne seront plus, comme c'était l'usage, intercalés alphabétiquement dans le fonds non porté, mais ils formeront une série distincte, où ils prendront place suivant les hasards de l'ordre d'arrivée, de sorte que, pour les y trouver, on ne pourra s'aider ni d'un classement méthodique, ni d'un classement alphabétique. Aussi, pour faciliter le travail des employés chargés du service dans les dépôts, sera-t-il indispensable de leur fournir les éléments de répertoires alphabétiques constamment tenus à jour. Ces répertoires, absolument indépendants des grands instruments de recherches qui ne sauraient être éloignés du bureau central, seront tout à fait spéciaux, c'est-à-dire que chacun d'eux sera exclusivement consacré à une série particulière; il n'est donc pas à craindre qu'ils prennent des développements qui en rendent l'usage difficile et compliqué.

L'une des causes qui ont contribué à retarder la confection des catalogues et à surcharger sans aucun profit plusieurs de nos séries, c'est l'obligation qu'on s'est imposée depuis trop longtemps de traiter comme de véritables livres de bibliothèques une foule de productions que nous apporte le dépôt légal et dont l'incorporation dans nos fonds n'importe ni à la littérature, ni à l'administration. De ce côté, nous sommes menacés d'un danger, qu'on a signalé depuis longtemps et dont chaque année voit augmenter la gravité. Si un remède n'y était promptement apporté, les bâtiments de la Bibliothèque deviendraient bientôt insuffisants, et les richesses de nos anciennes collections seraient noyées dans un fatras d'impressions dénuées de toute valeur. Par malheur, cette question est trop intimement liée à la législation même du dépôt légal pour que votre administration, Monsieur le Ministre, ait le moyen de la résoudre. Il faut attendre le jour où le législateur ne verra pas seulement, comme aujourd'hui, dans le dépôt légal un instrument de police administrative et une garantie des droits des auteurs et des éditeurs, mais encore un moyen d'assurer la conservation des œuvres de l'intelligence et d'en faciliter la communication aux personnes qui ont le plus d'intérêt à les étudier. Mais en attendant des réformes plus profondes, qu'elle appelle de tous ses vœux et qu'elle recommande avec confiance à votre sollicitude, Monsieur le Ministre, la Commission a pensé qu'un notable progrès serait déjà réalisé si, parmi les impressions qui arrivent par la voie du dépôt légal, on laissait de côté, sans les estampiller, sans les incorporer dans les collections de la Bibliothèque nationale et sans les porter sur les inventaires ou répertoires :

les réimpressions de livres de liturgie ou de piété;
les réimpressions de livres classiques;
les réimpressions de romans;
les réimpressions de livres pour l'éducation ou l'amusement de l'enfance et de la jeunesse;
les réimpressions de livres destinés au colportage,

à l'exception toutefois des réimpressions qui, par l'exécution matérielle ou par toute autre circonstance, paraîtraient pouvoir offrir un intérêt historique, littéraire, artistique ou bibliographique. Cette recommandation a été mise en pratique à partir du mois de janvier dernier, et les articles ainsi éliminés seront désormais rangés dans un comble suivant l'ordre de leur inscription sur les feuilles des registres d'entrée. Un signe (*) est ajouté dans une colonne spéciale, en regard de chacun des articles éliminés. De cette façon, les registres d'entrée servent d'inventaire pour les imprimés venus par le dépôt légal, qui n'ont pas été trouvés de nature à entrer dans les collections de la Bibliothèque nationale.

Ces registres d'entrée, dont je suis amené à parler, ne forment pas une série unique. Depuis longtemps, à chaque mode d'acquisition correspond un registre spécial : celui du dépôt légal, celui des dons et celui des acquisitions proprement dites. Un membre de la Commission a proposé de les ramener à l'unité, pour mettre ce service plus en harmonie avec les règles de la comptabilité publique ; mais cette modification, qui en théorie peut sembler plausible, entraînerait dans la pratique plus d'un inconvénient. Pour obtenir une simplification, moins réelle qu'apparente, on s'exposerait à désorganiser un service qui fonctionne très-régulièrement ; on élargirait démesurément le champ dans lequel beaucoup de recherches et de vérifications sont aujourd'hui concentrées ; il faudrait faire concourir à la tenue d'un même registre au moins deux employés, qui, dans bien des circonstances, pourraient mutuellement se gêner et se retarder ; enfin, et cette considération a paru décisive, on se priverait des immenses avantages que nous avons, pour nos rapports avec le Bureau de la librairie, à calquer notre registre des entrées du dépôt légal sur les registres et les bordereaux du ministère de l'intérieur et des préfectures.

Une autre question s'est posée à l'occasion des registres d'entrée : ne pourraient-ils pas tenir lieu d'un inventaire général et se confondre avec les travaux du catalogue ? Entre le bureau des entrées et le bureau du catalogue il y a beaucoup de points de contact, et nous tendons à établir entre ces deux services une harmonie telle qu'aucune force n'y soit dépensée inutilement. Dès maintenant, le Bureau des entrées élabore des matériaux que le Bureau du catalogue met en œuvre sans avoir à les retoucher : telles sont les listes des livres étrangers, que nous faisons autographier chaque mois, au fur et à mesure qu'ils arrivent à la Bibliothèque. Il est permis d'espérer que ce concours deviendra de plus en plus actif et fructueux. Il est douteux cependant que les registres d'entrée puissent jamais devenir l'inventaire proprement dit du département des imprimés. En effet, pour obtenir ces résultats, il faudrait que les livres, sans aucune distinction de séries bibliographiques, vinssent se placer sur les rayons dans l'ordre où ils figurent sur les registres d'entrée, c'est-à-dire purement et simplement d'après les hasards de l'arrivée, ce qui est absolument contraire non-seulement à nos usages, mais aux principes mêmes d'après lesquels est organisé le service des dépôts et des communications. N'oublions pas d'ailleurs que nos registres d'entrée doivent mentionner, d'une part, beaucoup d'articles inutiles qui seront éliminés, comme il a été dit plus haut, et, d'autre part, beaucoup de fragments qui, enregistrés isolément au moment de l'arrivée, doivent être rapprochés le jour où, formant un tout complet, ils sont incorporés dans les collections, de sorte qu'un seul et même volume répond souvent à plusieurs articles des registres d'entrée. Dans ces conditions, il serait à peu près impossible que les registres d'entrée servissent d'inventaires, puisque les véritables inventaires sont des instruments à l'aide desquels on peut vérifier l'état des collections par voie de récolement, s'assurer si tous les volumes sont présents, et, en cas d'absence, connaître le titre exact et la condition matérielle des volumes perdus, égarés ou déplacés.

Mais si les registres d'entrée ne peuvent pas suppléer aux inventaires proprement dits, ils peuvent servir à les constituer et à combler une lacune déplorable qu'il importe de faire disparaître au plus tôt. Pour beaucoup de séries, le département des imprimés ne possède point d'inventaires; des distractions plus ou moins considérables ont pu et pourraient s'y commettre, même parmi les livres de la réserve, sans qu'il y ait moyen d'en constater la nature et l'étendue. En donnant à tous les volumes des anciens fonds des cotes dont beaucoup sont aujourd'hui dépourvus, nous arriverons à couvrir la responsabilité des fonctionnaires de la Bibliothèque; quant aux nouveaux fonds, l'inventaire en sera d'autant plus facile à établir qu'il suffira de relever la série des cotes, en mettant en regard le numéro assigné au volume ou à la pièce sur les registres d'entrée.

J'ai eu l'honneur, Monsieur le Ministre, de vous exposer les idées générales qui ont prévalu dans la Commission sur le plan que nous devons suivre pour arriver économiquement et promptement, non pas à un catalogue vraiment digne de ce nom, mais à un inventaire qui nous donne le moyen de savoir exactement ce que nous possédons et de trouver sans hésitation tous les ouvrages conservés dans nos collections. Pour plus de clarté, il me reste à énoncer les règles auxquelles nous avons à nous conformer pour faire passer ces idées dans la pratique.

Dans les séries catalogués (L, N-P² et T), les additions continueront à se faire à la fin de chaque chapitre. — L'impression des suppléments de l'Histoire de France s'arrêtera à la fin du tome XI, après lequel seront publiés deux volumes de tables alphabétiques. — Le catalogue des Sciences médicales, y compris les tables, se terminera avec le tome III.

Le catalogue de la Poésie, eu égard au degré d'avancement auquel il est arrivé, pourra être continué d'après le plan antérieurement adopté, sans que la question de l'impression soit préjugée.

Aucune innovation n'est proposée pour les séries précédemment inventoriées (A-E) ; seulement les cartes qui ont servi à établir l'inventaire de ces séries devront être recopiées en abrégé pour fournir les éléments d'un répertoire alphabétique.

Tous les volumes, portés ou non portés, des séries non encore cataloguées ou inventoriées seront numérotés d'après la place qu'ils occupent sur les rayons. Désormais, aucune intercalation ne sera faite dans ces séries, à moins qu'il ne s'agisse d'articles formant la suite d'ouvrages insérés dans le fonds porté. En vue d'un inventaire ou répertoire alphabétique, les titres en seront relevés sur cartes, avec renvoi aux numéros que les volumes auront reçus. Quand on aura épuisé une série, les cartes en seront recopiées sur registre, pour fournir en peu de temps, et sous une forme facile à consulter, le répertoire alphabétique des livres contenus dans cette série.

Tous les volumes de nouvelle acquisition qui, par leur sujet, appartiennent aux séries mentionnées dans le paragraphe précédent, seront rattachés à ces séries ; ils y formeront, à la suite de l'ancien fonds, un fonds nouveau, dont le numérotage sera indépendant du numérotage de l'ancien fonds. L'inventaire de ces nouveaux fonds sera dressé sur registre, au fur et à mesure de l'arrivée des volumes ; mais il se réduira à la cote suivie du numéro d'entrée. Les cartes en seront levées pour tenir constamment à jour les répertoires alphabétiques. Un double de ces cartes sera remis aux employés chargés du service, pour que chacun d'eux ait sous la main le répertoire alphabétique du nouveau fonds de la série qui lui est confiée. — Les pièces, c'est-à-dire les publications composées de 48 pages au plus, ne seront pas mêlées aux volumes et recevront un numérotage à part. — Pour certaines catégories de documents, telles que rapports de sociétés de secours mutuels, de compagnies industrielles ou autres, etc., on se dispensera d'en rédiger des cartes spéciales et de numéroter les pièces individuellement ; il suffira d'en former des groupes, d'assigner un numéro à chaque groupe et de lui consacrer une carte collective. Il sera inutile de prendre sur cartes les titres des thèses de licence en droit, qu'on se bornera à classer sur les rayons, au nom de l'auteur. Pour les factums et mémoires judiciaires, on continuera à les ranger au nom du demandeur, en relevant sur carte, pour le répertoire alphabétique, le nom de l'avoué ou de l'avocat. Le système d'intercalation sera aussi maintenu pour les pièces de musique.

La Commission a consacré une séance entière à se rendre compte de l'état de la Section géographique. L'insuffisance du local provisoire, attribué depuis 1862 à cette partie de nos collections, n'a pas permis et ne permet pas d'en entreprendre un classement quelque peu méthodique ; mais, sans modifier l'ordre matériel qui existe aujourd'hui, rien n'empêcherait de préparer un inventaire succinct, dans lequel toutes les pièces seraient sommairement énoncées ; ce travail pourrait être fort simplifié, parce que, dans un grand nombre de cas, il suffirait de relever les numéros d'entrée inscrits sur les pièces, numéros qui permettraient toujours de recourir aux notices assez détaillées consignées dans les registres d'entrée. Le numérotage se ferait par volumes et par portefeuilles, sauf à employer des sous-chiffres pour désigner les différentes pièces rassemblées dans un volume ou dans un portefeuille. La rédaction de cet inventaire des collections géographiques a été recommandée comme mesure vraiment urgente.

La Commission n'aurait pas rempli sa tâche jusqu'au bout, si, après avoir indiqué les travaux les plus utiles à entreprendre, elle ne s'était pas préoccupée des ressources au moyen desquelles on peut les exécuter.

Un crédit extraordinaire de 50,000 francs est bien inscrit au budget pour la confection des catalogues. Ce crédit était déjà déclaré insuffisant par le Rapporteur de la Commission de 1857. Après une période de vingt ans, l'insuffisance s'est accrue dans de grandes proportions : d'abord, en 1876, la même somme d'argent est bien loin de représenter la même somme de travail qu'en 1856 ; ensuite, il eût été impossible de ne pas reconnaître, par la stabilité des positions et par une augmentation graduelle des traitements et des indemnités, le dévouement de collaborateurs dont quelques-uns comptent plus de vingt-cinq ans de services à la Bibliothèque. Il y avait là une question de justice, qu'un de vos prédécesseurs, Monsieur le Ministre, a décidée par l'arrêté du 1er février 1857, en vertu duquel le traitement de six employés et de trois surnuméraires est imputé sur le crédit extraordinaire de 50,000 francs. Il en résulte qu'aujourd'hui, avec le même fonds, nous pouvons à peine entretenir la moitié des collaborateurs dont le concours était acquis il y a vingt-cinq ans à l'œuvre du catalogue.

L'insuffisance des ressources tient encore à une autre circonstance, sur laquelle la Commission a pensé, Monsieur le Ministre, que votre attention devait être tout particulièrement appelée. Quand le bureau du catalogue fut créé, on songeait principalement à liquider l'arriéré, qui pesait depuis près d'un siècle sur l'administration de la Bibliothèque ; on pensait à bon droit qu'une telle liquidation avait tous les caractères d'un travail extraordinaire, et par ce motif un crédit extraordinaire fut demandé aux Chambres. Mais, en réalité, sous peine de voir bientôt renaître un nouvel arriéré, aussi embarrassant que l'ancien, il fallut bien appliquer en partie l'activité des employés du bureau aux travaux que nécessitaient le classement et le catalogue des volumes et des pièces arrivant chaque jour, soit par la voie du dépôt, soit par suite de dons, d'échanges ou d'achats. Le développement de la vie politique, et les progrès de la production littéraire et scientifique, en France et à l'étranger, ont pris une telle intensité que le traitement des publications contemporaines absorbe aujourd'hui une grande partie des forces du bureau du catalogue. Je resterai au-dessous de la vérité, Monsieur le Ministre, en évaluant à 25,000 francs la somme qu'il faut imputer sur le crédit extraordinaire pour faire face aux nécessisités, chaque jour renaissantes, d'un service tout à fait permanent et ordinaire. Sur l'autre moitié du crédit de 50,000 francs, nous avons à prendre environ 5,000 francs pour la part du Département des manuscrits. Il reste donc à peine 20,000 francs pour attaquer ce redoutable arriéré du Département des imprimés, qui a déjà fait le désespoir de plusieurs générations de bibliothécaires. Or, nous devons, avant tout, terminer la publication du catalogue de l'Histoire de France et du catalogue des Sciences médicales : réduite aux plus strictes proportions, cette double entreprise retiendra encore pendant plusieurs années nos collaborateurs les plus

2

actifs et les plus expérimentés. Les ressources dont nous pouvons disposer pour entreprendre cet inventaire alphabétique général, réclamé par la Commission comme le plus prompt remède à nos maux, sont donc à peu près nulles.

Par un vote unanime, la Commission a déclaré qu'à son avis le seul moyen de sortir d'embarras serait de faire passer sur le budget ordinaire de la Bibliothèque la somme qui représente des travaux ordinaires, et d'affecter exclusivement aux travaux extraordinaires le crédit extraordinaire de 50,000 francs. Ce crédit, ramené au caractère qu'il avait à l'origine, et que la force des choses lui a fait bientôt perdre, fournirait assurément le moyen de terminer en dix ans l'inventaire général de nos richesses. Une expérience poursuivie depuis cinq mois sur deux séries importantes, l'Histoire générale (G) et l'Histoire d'Italie (K), prouve qu'aucun mécompte ne serait à craindre, du moment où rien ne viendrait distraire de leur tâche des auxiliaires laborieux et dévoués, qui auraient à rendre compte, mois par mois, du progrès de leur travail, et dont chacun conserverait l'honneur et la responsabilité de l'œuvre qu'il aurait accomplie.

Si vous daigniez approuver, Monsieur le Ministre, les vues que je viens d'avoir l'honneur de vous exposer au nom de la Commission, il y aurait lieu de demander aux Chambres une augmentation de 25,000 francs, pour le chapitre XVIII du budget de votre ministère, et le maintien, pendant une période de dix ans, du crédit extraordinaire de 50,000 francs qui forme le chapitre XIX.

Daignez agréer, Monsieur le Ministre, l'hommage de mon profond respect.

*L'Administrateur général directeur*
*de la Bibliothèque nationale,*

L. Delisle.

*État des catalogues du Département des imprimés de la Bibliothèque nationale.*

M. le Ministre de l'instruction publique vient de nommer une Commission chargée : 1° d'examiner l'état des travaux de catalogue et d'inventaire exécutés ou entrepris au Département des imprimés de la Bibliothèque nationale ; 2° de rechercher, de concert avec le Comité consultatif de cet établissement, le meilleur moyen d'obtenir, dans un bref délai, un Catalogue général.

Pour faciliter la tâche de cette Commission, j'ai cru utile d'exposer en peu de mots l'histoire de nos classements et de nos catalogues, d'indiquer les faits essentiels dont il faut tenir compte et de poser les principales questions qui sont à examiner.

Il serait oiseux de remonter au delà du xvii⁰ siècle ; il suffit même de mentionner les deux premiers catalogues généraux de la Bibliothèque qui furent dressés, l'un, sous le règne de Louis XIII, par Nicolas Rigault (1), l'autre, au commencement du règne de Louis XIV, par les frères Du Puy (2). Dans ces deux catalogues, les livres imprimés, qui étaient encore fort peu nombreux, ne sont, pour ainsi dire, qu'un appendice des manuscrits. Il faut descendre au dernier quart du xvii⁰ siècle, et arriver aux travaux de Nicolas Clément, pour trouver l'origine des classements et le germe des catalogues qui sont encore aujourd'hui en usage.

---

(1) Dans le Catalogue général que Nicolas Rigault acheva en 1622, les divisions IV et V sont consacrées aux livres imprimés, avec la rubrique : « Libri impressi typis antiquis hebraici, græci, latini; libri impressi « typis antiquis, gallici, italici. » Voyez, au Département des manuscrits, le volume 10305 du fonds latin, fol. 159 et 177.

(2) La troisième partie du Catalogue général que les frères Du Puy dressèrent en 1645 embrasse les livres imprimés, au nombre de 1.829. Il y en a deux exemplaires au Département des imprimés.

Nicolas Clément, pendant les quarante-huit années ou environ qu'il passa à la Bibliothèque du roi (1664-1712), partagea son temps entre les imprimés et les manuscrits, qui ne formaient point encore deux départements distincts. Le nombre des livres imprimés, si restreint dans la première moitié du xvii<sup>e</sup> siècle, s'accrut prodigieusement sous le règne de Louis XIV ; vers 1676, il y en avait près de 40,000. Nicolas Clément distribua ces livres en vingt-trois classes, leur assigna des cotes et en dressa un catalogue méthodique, qui remplit sept gros volumes, et auquel vint s'ajouter une table alphabétique, en six volumes, le tout écrit en grande partie de la main même de Clément.

Ce premier catalogue, qui avait coûté neuf ans de travail (1675-1684), devint bientôt insuffisant. En 1688, Clément le reprit en sous-œuvre et mena rapidement à bonne fin un second catalogue méthodique, en quatorze volumes, qui comprenait la notice d'environ 43,000 volumes, et dont voici les divisions ;

A. Bible.
B. Interprètes de la Bible.
C. Peres de l'Eglise.
D. Théologiens.
E. Conciles. Droit canonique. Liturgie.
F. Droit civil et politique.
G. Géographie. Chronologie et Histoire générale.
H. Histoire ecclésiastique.
J. Histoire grecque et byzantine. Histoire romaine et Antiquités.
K. Histoire d'Italie.
L. Histoire de France.
M. Histoire d'Allemagne, de Suisse, de Hongrie, de Pologne, de Russie, des États du Nord et de la Belgique.
N. Histoire d'Angleterre.
O. Histoire d'Espagne, de Portugal et des pays situés en dehors de l'Europe. Voyages.
P. Mélanges historiques. Biographie.
Q. Bibliographie.
R. Philosophie. Physique. Sciences morales, économiques et politiques.
S. Histoire naturelle. Agriculture.

T.  Médecine. Chimie.
V.  Mathématiques. Astronomie. Architecture. Art mili-
    taire. Art nautique. Mécanique. Beaux-arts. Arts
    mécaniques.
X.  Grammaire.
Y.  Poésie et romans.
Z.  Philologie et polygraphie. Mythologie, emblèmes, tour-
    nois, pompes.

Les règles auxquelles Clément s'assujettit étaient parfaitement entendues : son travail, qu'il fut un moment question
d'imprimer (1), maintint l'ordre dans les collections pendant un
demi-siècle et permit, en 1719-1720, de procéder, en quelques
mois, à un récolement rigoureusement exact, opération qui
n'a pu, depuis, être renouvelée, malgré tous les avantages
qu'on en eût retirés. Ce résultat était dû à plusieurs causes :
Clément avait pris le parti de numéroter non pas les ouvrages,
mais les volumes ; de subdiviser chaque chapitre ou sous-
chapitre du catalogue en trois sections, dont chacune était
consacrée aux livres d'un format déterminé, de façon que les
volumes se succédaient sur les rayons dans le même ordre que
sur les feuillets du catalogue ; de réserver çà et là des numéros
vacants pour intercaler les articles additionnels ; enfin, de
grouper sous un même numéro les petites pièces de même
nature, reliées en un volume ou renfermées dans un portefeuille, pour que les véritables livres ne fussent pas noyés au
milieu des brochures.

Vers 1735 (2), la nécessité de refondre le travail de Clément
se fit sentir ; les intercalations commençaient à devenir un peu
confuses, et les divisions bibliographiques du xviiᵉ siècle n'é-
taient pas toujours en rapport avec les progrès de la production littéraire. Pour ce nouveau catalogue, qui devait affronter
l'épreuve de l'impression, on suivit un tout autre système que
celui de Clément. Le numérotage se fit, non plus par volumes,

---

(1) Une épreuve des huit premières pages se trouve reliée dans un
recueil de documents bibliographiques conservés au Département des
manuscrits sous le n° 22592 du fonds français.

(2) Voyez *Le Cabinet des manuscrits*, I, 413. Ce fut le 6 juin 1737 que
l'abbé Sallier remit au ministre le commencement de la copie du Catalogue
des imprimés.

mais par ouvrages; on ne tint aucun compte de la différence
des formats, et on voulut pousser beaucoup plus loin le dépouillement des recueils de pièces. Ce plan présentait assurément
de notables avantages; mais, peut-être à raison même du
grand travail qu'il occasionnait, il s'en fallut de beaucoup
qu'on l'appliquât à l'ensemble des collections. Les seules par-
ties qu'on traita dans ce système furent :

1° La Théologie (A. Écriture sainte. — B. Liturgie et conciles. — C. Pères de l'Église. — D. Théologie catholique. —
D². Théologie hétérodoxe). — En trois volumes in-folio, publiés de 1739 à 1742.

2° Le Droit canon (E) et le Droit de la nature et des gens
(E'). — En un volume, publié en 1753.

3° Les Belles-lettres (X. Grammaire. — Y. Poésie. — Y².
Romans. — Z. Philologie et polygraphie). — En deux volumes,
publiés en 1750.

Le catalogue de ces différentes séries remplit six volumes
in-folio; un septième volume, consacré au Droit civil (F), fut
composé et en partie tiré, mais resta inachevé (1), sans que
les ouvrages et les pièces de droit civil fussent jamais classées
conformément à ce nouveau catalogue.

A partir du moment où l'impression du catalogue fut sus-
pendue jusqu'à l'époque comtemporaine, le cadre de classement du Département des imprimés renferma deux catégories
de divisions, les unes se rattachant au système de Clément,
les autres au système des rédacteurs du catalogue imprimé.
Comme ce cadre est encore, à peu d'exceptions près, celui
dont nous nous servons aujourd'hui, il importe d'en indiquer
ici les grandes lignes :

1. A. Écriture sainte.
2. B. Liturgie et Conciles.
3. C. Pères de l'Eglise.
4. D. Théologie catholique.
5. D². Théologie hétérodoxe.
6. E. Droit canon.

---

(1) Du *Droit civil*, qui devait former deux volumes, il a été imprimé
527 pages de la première partie et 224 pages de la seconde.

7. E*. Droit de la nature et des gens.
8. F. Droit civil.
9. G. Histoire générale.
10. H. Histoire ecclésiastique.
11. J. Histoire grecque et byzantine. Histoire romaine et Antiquités.
12. K. Histoire d'Italie.
13. L. Histoire de France.
14. M. Histoire d'Allemagne, de Suisse, de Hongrie, de Pologne, de Russie, des États du Nord et de la Belgique.
15. N. Histoire d'Angleterre.
16. O. Histoire d'Espagne, de Portugal et des pays situés en dehors de l'Europe. Voyages.
17. P. Mélanges historiques. Biographie.
18. Q. Bibliographie.
19. R. Philosophie. Physique. Sciences morales, économiques et politiques.
20. S. Histoire naturelle. Agriculture.
21. T. Médecine. Chimie.
22. V. Mathématiques. Astronomie. Architecture. Art militaire. Art nautique. Mécanique. Beaux-Arts. Arts mécaniques.
23. X. Grammaire.
24. Y. Poésie.
25. $Y^2$. Romans.
26. Z. Philologie et polygraphie.
27. Z ancien. Résidus de la division Z du catalogue de Clément, restés en dehors de la division Z du catalogue imprimé.

De ces vingt-sept divisions, onze (A-E* et X-Z) appartiennent au classement du catalogue imprimé, et seize (F-V et Z ancien) au classement du catalogue de Clément. C'est dans ces vingt-sept divisions, d'origine si différente, qu'on a versé les ouvrages dont la Bibliothèque s'est enrichie depuis environ cent vingt ans. Jusqu'au commencement de la Révolution, les intercalations dans chacune de ces séries se firent avec une certaine régularité, au moyen de sous-chiffres, de lettres et de signes divers. Elles ont été continuées avec beaucoup moins d'activité et de méthode depuis la Révolution jusqu'à nos jours (1). L'immensité des accroissements, dus non-seulement aux mesures révolutionnaires, mais encore au simple jeu du dépôt légal, rendit bientôt à peu près impossibles les intercalations dans des cadres qui avaient été tracés, alors que nul bibliographe ne pouvait prévoir, ni le développement de la production littéraire, ni les courants entièrement nouveaux qui s'établiraient dans l'étude de l'histoire, de l'archéologie, de la philologie et surtout des sciences physiques et naturelles. De cette difficulté des intercalations, non moins que de l'insuffisance du local et du personnel, résulta bientôt un encombrement et un arriéré, qui ont fait l'effroi de plusieurs générations de bibliothécaires et qui constituent encore la plus grosse des difficultés dont nous ayons à nous préoccuper.

Il y a bientôt quarante ans, on s'avisa d'un expédient qui a rendu et rend encore d'immenses services, puisqu'il permet de trouver et de communiquer assez rapidement des centaines de milliers de volumes, qui n'ont point de cotes, qui ne sont assujettis à aucun classement méthodique et dont beaucoup ne figurent sur aucune espèce de répertoire. Cet expédient consista : 1° à réunir à chacune des 26 divisions mentionnées plus haut les volumes et les pièces non cotés et non catalogués qui par leur nature semblaient devoir être rattachés à chacune de ces divisions ; 2° à former, dans chaque division, trois groupes des volumes ou pièces non cotés et non catalogués, l'un pour les in-folio, l'autre pour les in-quarto, le dernier pour les plus petits formats ; 3° à ranger les articles de chaque groupe suivant l'ordre alphabétique des noms d'auteurs ou des titres d'ouvrage, quand l'auteur n'est pas connu. Ces séries supplémentaires forment ce qu'on appelle le *fonds non porté* (c'est-à-dire les ouvrages non numérotés et non portés sur les catalogues), par opposition au *fonds porté* (c'est-à-dire les ouvrages numérotés et décrits dans les catalogues).

Tel était à peu près l'état du Département des imprimés quand M. Taschereau prit en main la direction des catalogues :

---

(1) Le catalogue des additions et des intercalations remplit environ 80 volumes. Un relevé de toutes les cotes employées, soit dans les catalogues primitifs, soit dans les suppléments, a été exécuté sous l'administration de M. Naudet ; il est renfermé dans 49 petits volumes in-folio.

les ouvrages étaient, d'après leur contenu, répartis dans les vingt-sept grandes divisions bibliographiques créées par les bibliothécaires du xvii<sup>e</sup> et du xviii<sup>e</sup> siècle ; chacune de ces divisions comprenait, d'abord une série méthodique d'ouvrages numérotés et inscrits sur des catalogues, puis une série d'ouvrages non numérotés, non catalogués, rangés pêle-mêle suivant les hasards de l'ordre alphabétique des noms d'auteurs ou des titres d'ouvrages.

Inutile de montrer comment, avec un tel système, les recherches sont longues et incertaines, comment l'ordre est difficile à maintenir, comment les déplacements et même les distractions sont impossibles à constater. On a reconnu, il y a déjà longtemps, que, pour maintenir l'ordre des collections et régulariser les différents services, il fallait absolument que chaque article fût, d'une part, représenté par une mention aux catalogues méthodiques et aux répertoires alphabétiques, d'autre part, revêtu d'une cote d'après laquelle il devait être trouvé et replacé sans le moindre tâtonnement sur les rayons de la Bibliothèque.

Pour atteindre ce but et pour prévenir les progrès de l'arriéré, M. Taschereau posa en principe que tout livre entrant à la Bibliothèque devait être immédiatement l'objet de deux cartes, destinées l'une à un catalogue méthodique, l'autre à un répertoire alphabétique. Ce principe a été rigoureusement suivi depuis le 1<sup>er</sup> octobre 1852 ; mais, comme les livres entrés à la Bibliothèque pendant les vingt-trois dernières années ont continué à être presque tous versés dans le fonds non porté, ils n'ont pu recevoir de cotes, et les cartes correspondant à ces livres ne donnent aucun renvoi qui indique exactement la place où l'on peut les trouver sur les rayons. Les très-nombreuses cartes qui ont été levées sur ces volumes sont donc loin de rendre tous les services qu'on doit en attendre, d'autant plus loin que les cartes destinées au catalogue méthodique sont rangées, non pas dans un ordre méthodique, mais d'après l'ordre alphabétique des titres.

En même temps que les ouvrages nouveaux étaient tous catalogués, plusieurs divisions étaient choisies pour être promptement dotées de catalogues complets et répondant à toutes les exigences de la science ou de l'art bibliographique. A l'Histoire de France (L) et à la Médecine (T) échut l'honneur d'être mises en première ligne. Tous les livres, jusqu'aux moindres brochures, que la Bibliothèque possédait sur l'Histoire de France et sur la Médecine furent activement recherchés, soigneusement décrits, laborieusement classés dans des cadres nouveaux. En quelques années on a réussi à constituer à nouveau et d'une façon définitive deux grandes séries, l'une relative à notre histoire nationale, l'autre relative à la médecine. L'importance des catalogues de ces deux séries fut jugée suffisante pour en faire décider la mise sous presse.

Aujourd'hui dix volumes du catalogue de l'Histoire de France ont vu le jour; ils contiennent la notice de 163,524 ouvrages classés dans la série L, plus l'indication de 24,128 ouvrages classés dans d'autres séries, mais se rattachant à l'Histoire de France, soit en tout 187,653 mentions; c'est le catalogue tout entier, avec le commencement d'un supplément portant sur les articles qui sont survenus ou qui ont été reconnus pendant l'impression de l'ouvrage; il reste à publier la fin de ce supplément et la table alphabétique, ce qui, d'après le plan actuellement suivi, nécessiterait peut-être quatre ou cinq volumes.

Les deux volumes publiés du catalogue de la Médecine contiennent 31,888 articles, plus 2,058 indications d'ouvrages classés dans d'autres divisions, en tout 33,946 mentions. L'achèvement du travail demanderait probablement deux autres volumes.

Les séries relatives à plusieurs pays étrangers (Angleterre, N; Espagne et Portugal, O; Asie, $O^2$; Afrique, $O^3$; Amérique, P; Océanie, $P^2$) ont été traitées à peu près sur le même pied que la série de l'histoire de France. Les catalogues méthodiques et les répertoires alphabétiques qui en ont été rédigés sur cartes remplissent plusieurs gros volumes manuscrits (1,

---

(1) Voici le relevé numérique des articles dont se composent ces sept catalogues :

| | | |
|---|---|---|
| Angleterre. | 8,944 reliés en | 6 volumes. |
| Espagne. | 4,429 | 3 |
| Portugal. | 1,071 | 1 |
| Asie. | 3,995 | 3 |
| Afrique. | 1,574 | 1 |
| Amérique | 3,899 | 3 |
| Océanie. | 174 | 1 |
| Total. | 24,086 | 18 |

Celui de l'histoire d'Angleterre est en partie autographié (1).

Sous l'administration de M. Taschereau, on a donc préparé le catalogue de tous les ouvrages arrivés à la Bibliothèque depuis 1852 et à peu près terminé les catalogues de neuf séries : Histoire de France, Histoire d'Angleterre, Histoire d'Espagne, Histoire de Portugal, Histoire d'Asie, Histoire d'Afrique, Histoire d'Amérique, Histoire d'Océanie, Médecine.

S'il est resté en dehors des travaux du catalogue une énorme masse de livres de théologie, de droit, de géographie, d'histoire générale, d'histoire ecclésiastique, d'histoire ancienne, d'histoire d'Italie, d'Allemagne, de Suisse, de Hongrie, de Pologne, de Russie, des Etats du Nord, de la Belgique, de bibliographie, de philosophie, de science, d'art et de littérature, cela tient à des causes indépendantes du savoir, du zèle et de la volonté des collaborateurs qui ont été associés à l'entreprise. La Commission aura à rechercher si, parmi ces causes de retard, il ne faut pas mettre en première ligne la perte de temps qu'entraînent le classement et le catalogue des articles inutiles fournis par le dépôt légal ; la difficulté des recherches et des vérifications dans des séries mal ordonnées et totalement dépourvues de cotes ; l'obligation de battre tous les coins et recoins de la Bibliothèque pour y découvrir les morceaux susceptibles d'être rattachés à la série en cours d'exécution ; le parti pris de décomposer d'immenses recueils factices pour en répartir les pièces dans les diverses divisions du cadre général ; les hésitations par lesquelles passe le plus habile bibliographe avant de se décider à assigner à beaucoup d'articles la place qui leur convient dans des classifications très-subtiles : la minutie et la délicatesse des opérations que nécessitent la rédaction et l'impression des catalogues savants.

La plupart de ces écueils avaient été entrevus et signalés par les commissions dont M. Beugnot, en 1851, et M. Mérimée, en 1858, ont résumé les travaux. L'expérience a montré combien les craintes de ces rapporteurs étaient fondées. « Pour « vouloir trop bien faire tout d'abord, disait M. Mérimée (p. 23), « on allonge prodigieusement le travail, et, sous prétexte de « donner au monde savant un catalogue-modèle, on n'a pas

---

(1) L'autographie a été poussée jusqu'à la page 164, et jusqu'au n° 1,223 du chapitre IV : c'est à peu près le quart du catalogue complet.

« encore un inventaire pour le service des employés et des
« lecteurs, pour la garantie d'une propriété de l'État. M. le
« comte Beugnot n'était pas éloigné de croire, en janvier 1851,
« qu'avec le système de l'immobilisation on aurait pu avoir en
« quatre ans, et avec une dépense de 150,000 francs, tous
« les catalogues nécessaires au service de la Bibliothèque ; en-
« core, supposait-il qu'ils seraient imprimés en placards. Il
« ajoutait, il est vrai, que l'ouvrage ainsi exécuté ne serait
« qu'un *simple catalogue à l'usage des employés et des lecteurs,*
« tandis que le catalogue imprimé, tel qu'on vient de l'essayer,
« serait le *recueil bibliographique le plus riche et le plus utile*
« *qui ait jamais été composé.* Mais pourquoi composer un *re-
« cueil* bibliographique quand on n'a pas même un *inventaire,*
« quand la Bibliothèque a fait tant de pertes déplorables, faute
« d'un simple catalogue, qui eût fait connaître ses richesses
« aux employés et aux lecteurs?.... Nous vous supplions,
« Monsieur le Ministre, de presser l'exécution du catalogue
« général, sur le plan que nous venons d'indiquer, en rappe-
« lant à l'administration de la Bibliothèque qu'en pareille ma-
« tière le grand point c'est d'arriver vite au but, et qu'il vaut
« mieux perfectionner un premier travail, par une révision
« faite à loisir, que de faire attendre trop longtemps une œuvre
« parfaite. »

La Commission de 1858 recommandait donc comme le travail le plus urgent la rédaction d'un inventaire ou catalogue
général, non destiné à l'impression. Cet avis était à peine émis
que M. Taschereau s'empressait de faire entreprendre un inventaire général, qui a été exécuté pour la Théologie et le Droit
canon. A cette fin, tous les livres du fonds porté et tous ceux
du fonds non porté des séries A, B, C, D, D· et E ont été numérotés d'après l'ordre qu'ils occupent sur les rayons, et chacun d'eux a été représenté par une carte énonçant le titre
complet ou abrégé de l'ouvrage, avec le numéro d'inventaire
qui lui a été assigné. Ces cartes ont été immobilisées dans des
registres (1) suivant l'ordre des numéros d'inventaire, ce qui,

---

(1) Ces registres sont au nombre de 32, savoir :

      7 pour l'Écriture Sainte. . . . . . . . . . . A.
      6 pour la Liturgie et les Conciles. . . . . B.
      2 pour les Pères . . . . . . . . . . . . . . C.

jusqu'à présent, faute d'un répertoire alphabétique, en rend l'usage très-difficile, puisque dans chaque série il faut diriger ses recherches un peu à l'aventure, tantôt en tenant compte du classement méthodique dans les trois formats de l'ancien porté, tantôt du classement alphabétique dans les trois formats de ce qui constituait le non porté, tantôt enfin tout à fait au hasard dans les suppléments affectés aux livres acquis ou retrouvés après coup.

L'inventaire entrepris sur la série de la Poésie (Y) est fort avancé ; il se poursuit sans que les volumes soient cotés, et les cartes en sont rangées alphabétiquement : on doit donc espérer qu'il n'offrira pas les inconvénients de l'inventaire de la Théologie ; mais, pour le mettre en valeur, il y aura un travail complémentaire extrêmement long à exécuter. Il faudra, en effet, numéroter les cartes suivant l'ordre méthodique ou alphabétique. et reporter les numéros sur les volumes ou les pièces correspondant.

Les travaux de catalogue ou d'inventaire que nous possédons aujourd'hui sur chacune des séries du Département des imprimés sont résumés dans le tableau suivant, qui donne le nombre des volumes ou pièces de chaque série, aussi approximativement qu'on a pu le faire dans un recensement exécuté en 1874 :

| | | |
|---|---|---:|
| A. | Écriture sainte. | 23,833 |
| B. | Liturgie et Conciles | 28,376 |
| C. | Pères de l'Église. | 7,183 |
| D. | Théologie catholique | 86,774 |
| $D^2$. | Théologie hétérodoxe. | 31,821 |
| E. | Droit canon | 22,512 |

Le fonds primitif de ces six séries est compris dans le catalogue imprimé en 1739-1753. Les articles intercalés dans ce fonds primitif sont relevés dans un catalogue supplémentaire manuscrit. Tous les articles de ces six séries ont été inventoriés depuis 1859 ; l'inventaire remplit 39 volumes in-folio.

---

14 pour la Théologie catholique . . . . . . D.
6 pour la Théologie hétérodoxe . . . . . . D².
4 pour le Droit canon. . . . . . . . . . . E.

Les cartes représentant les volumes dont ces six séries se sont accrues dans ces dernières années vont former prochainement plusieurs volumes supplémentaires.

E*.  Droit de la nature et des gens . . . . . . . .    9,626

  Le fonds primitif est compris dans le  volume de catalogue imprimé en 1753. Les articles intercalés sont relevés
  dans le catalogue supplémentaire manuscrit.

F.   Droit civil . . . . . . . . . . . . . . . . .    289,402

  Pour le fonds porté, catalogue de Clément avec les suppléments. — Le catalogue, dont une notable partie a  été
  imprimée au xviiie siècle, ne correspond pas au classement réel de la série.

G.   Histoire générale. . . . . . . . . . . . . . .    25,818
H.   Histoire ecclésiastique. . . . . . . . . . . .    22,829
J.   Histoire ancienne et Histoire byzantine . . . .    36,822
K.   Histoire d'Italie . . . . . . . . . . . . . . .    12,998

  Pour le fonds porté de ces quatre séries, catalogue de
  Clément avec les suppléments.

L.   Histoire de France. . . . . . . . . . . . . .    441,836

  Le catalogue en est imprimé en grande partie.

M.   Histoire  d'Allemagne et  d'autres États euro-
     péens. . . . . . . . . . . . . . . . . . . . ,    38,560

  Pour le fonds porté, catalogue de Clément avec les suppléments.

N.   Histoire d'Angleterre. . . . . . . . . . . . .    19,243

  Le catalogue en est rédigé et en partie autographié.

O.   Histoire d'Espagne et de Portugal. . . . . . . ⎫
O².  Histoire d'Asie. . . . . . . . . . . . . . . . ⎪
O³.  Histoire d'Afrique . . . . . . . . . . . . . . ⎬   28,447
P.   Histoire d'Amérique. . . . . . . . . . . . . . ⎪
P².  Histoire d'Océanie . . . . . . . . . . . . . . ⎭

  Les catalogues de ces séries sont rédigés. mais les volumes ne sont pas encore tous  cotés et rangés suivant
  l'ordre du catalogue.

Q.   Bibliographie . . . . . . . . . . . . . . . . .    28,577
R.   Philosophie, Sciences physiques, etc. . . . . .    87,858
S.   Sciences naturelles. . . . . . . . . . . . . .    59,463

  Pour le fonds porté de ces trois séries, catalogue de
  Clément avec les suppléments.

T.   Médecine.. . . . . . . . . . . . . . . .   68,483
>   Catalogue en cours d'impression.

V.   Sciences, Arts et Métiers. . . . . . . . .   95,716
>   Pour le fonds porté, catalogue de Clément avec les suppléments.

Vm. Musique . . . . . . . . . . . . . . . . .   117,521
>   Catalogues spéciaux.

X.   Grammaire . . . . . . . . . . . . . . . .   44,692
>   Pour le fonds porté, catalogue imprimé en 1750 avec les suppléments manuscrits.

Y.   Poésie. . . . . . . . . . . . . . . . .   155,672
>   Pour le fonds porté, catalogue imprimé en 1750 avec les suppléments manuscrits. — Un inventaire général est en cours d'exécution.

$Y^2$.   Romans . . . . . . . . . . . . . . . .   71,947
Z.   Philologie et Polygraphie. . . . . . . . .   132,576
>   Pour le fonds porté de ces deux séries, catalogue imprimé en 1750, avec les suppléments manuscrits.

Z ancien. Pompes, tournois, etc.. . . . . . . . .   6,962
>   Catalogue de Clément, avec les suppléments manuscrits.

Outre les catalogues et inventaires indiqués dans le tableau précédent, nous avons les éléments du catalogue des livres entrés depuis 1852 et les cartes d'un certain nombre d'ouvrages appartenant au porté et au non porté de la plupart des séries. Nous avons encore, pour des groupes, plus ou moins considérables, des travaux de description et de dépouillement, dont beaucoup sont restés inachevés, dont quelques-uns sont hors d'usage, mais dont plusieurs sont excellents et sont ou peuvent être consultés avec fruit.

Voici maintenant l'indication de nos répertoires alphabétiques, ces instruments de première nécessité, que rien ne saurait remplacer, ni les inventaires les plus complets, ni les catalogues méthodiques le plus savamment ordonnés.

1. Répertoire alphabétique des fonds portés, composé de bulletins de format in-quarto ; ces bulletins, renfermés dans

439 boîtes, comprennent : 1° la minute de la table alphabétique du catalogue de Clément ; 2° la découpure de la partie méthodique et de la partie alphabétique du catalogue imprimé au xviii° siècle ; 3° le relevé des articles enregistrés dans les suppléments manuscrits. Par suite de cette diversité d'éléments constitutifs, il y a dans ce répertoire beaucoup de doubles emplois ; beaucoup de cotes de renvoi qu'on y trouve sont depuis plus ou moins longtemps hors d'usage.

II. Table alphabétique du catalogue de Clément. Cette table, copiée par Buvat, remplit 45 volumes in-folio et contient non-seulement le titre des ouvrages, mais encore le dépouillement de plusieurs grandes collections théologiques, juridiques, historiques et littéraires du xvi° et du xvii° siècle. Les éléments de la table de Buvat se retrouvent dans le répertoire général mentionné sous le n° I.

III. Tables alphabétiques des trois divisions : *Théologie, Droit canon et Droit de la nature et des gens, Belles-lettres*, à la fin des différents volumes du catalogue imprimé.

IV. Table sur cartes de l'Histoire de France (L).
V. Table de l'Histoire d'Angleterre (N), en sept volumes.
VI. Table de l'Histoire d'Espagne (O), en trois volumes.
VII. Table de l'Histoire du Portugal (O), en un volume.
VIII. Table de l'Histoire d'Asie (O²), en deux volumes.
IX. Table de l'Histoire d'Afrique (O³), en un volume.
X. Table de l'Histoire d'Océanie (P²), à la fin du catalogue méthodique de cette série.
XI. Table sur cartes de la Médecine (T).
XII. Table sur cartes de la partie inventoriée de la Poésie (Y).
XIII. Table sur cartes, comprenant les volumes des séries A-K, M, Q-S, V, X, Y et Z qui sont entrés depuis 1852 ou qui, possédés antérieurement par la Bibliothèque, ont été examinés dans ces dernières années par le bureau du catalogue.

Il existe en outre, au bureau des entrées, un répertoire alphabétique sur cartes, par noms d'auteurs ou titres d'ouvrages, des livres acquis depuis 1840, et un état alphabétique, sur fiches, par titres d'ouvrages, des recueils périodiques et des collections en cours de publication.

Tel est, en résumé, l'historique des Catalogues du département des imprimés. Tel est l'état des ressources dont nous disposons pour savoir ce que le département renferme sur une matière donnée, pour nous assurer si nous possédons un ouvrage déterminé, et pour nous aider à trouver le plus promptement possible les livres qui nous sont demandés.

La Commission nommée par M. le Ministre aura à vérifier jusqu'à quel point ces ressources sont suffisantes et à rechercher par quelles mesures on pourrait promptement arriver à des résultats plus complets. Elle ne perdra pas de vue, je l'espère, qu'il s'agit moins d'obtenir un catalogue parfait et conforme aux principes absolus de la bibliographie, que de dresser des catalogues, inventaires ou répertoires au moyen desquels on puisse : 1° vérifier rapidement si un livre existe ou non à la Bibliothèque ; 2° trouver sans tâtonnements tout ouvrage ou toute pièce dont l'existence dans nos collections aura été constatée ; 3° suivre sans interruption les vicissitudes d'un livre depuis le jour où il entre, soit par le dépôt légal, soit par une acquisition, soit par un don, jusqu'au moment où il reçoit dans une de nos séries bibliographiques un numéro définitif et immuable, qui ne saurait être changé, sinon pour faire place à un nouveau numéro rigoureusement déterminé et auquel on puisse directement se reporter par un tableau de concordance ; 4° procéder à des vérifications et des récolements qui fassent constater sûrement et sans opérations compliquées les déplacements et les absences de volumes.

Tout en recherchant la méthode qui répondra le mieux à ces besoins multiples, nous aurons à nous préoccuper : 1° de l'obligation de ne pas interrompre les communications, et par conséquent de respecter des habitudes sans lesquelles des services passablement organisés s'arrêteraient brusquement ; 2° de la nécessité d'utiliser les immenses travaux qui ont été si activement poursuivis depuis vingt-cinq ans, et par conséquent de ne pas poser des règles absolues, également applicables à toutes les séries du département des imprimés, c'est-à-dire de ne pas faire subir le même traitement aux séries qui sont cataloguées en totalité ou en grande partie, à celles qui sont inventoriées ou en voie d'être inventoriées, à celles enfin pour lesquelles il n'existe que des travaux ébauchés ou très-incomplets.

Le problème à résoudre étant complexe, il sera prudent de ne pas s'arrêter à des principes généraux avant d'avoir examiné plusieurs questions qui s'imposeront à l'examen de la Commis-

sion et dont les principales peuvent être dès à présent indiquées
en deux mots :

Convient-il de traiter avec les mêmes soins et de conserver et
cataloguer dans les mêmes conditions tout ce que le dépôt légal
verse chaque semaine à la Bibliothèque? Ne pourrait-on pas
entreposer à part les articles dépourvus d'intérêt, en prenant
toutefois les précautions nécessaires pour retrouver ceux qu'on
aurait à consulter, soit pour un intérêt de propriété ou d'administration, soit pour tout autre motif?

Faut-il continuer le système des intercalations? Ne pourrait-
on pas, pour les nouvelles acquisitions, former des séries supplémentaires, parallèles aux séries anciennes, et déclarer les
séries anciennes closes à partir du 1er janvier 1876?

N'est-il pas indispensable que, dans le délai le plus rappro-
ché, tous les articles de la Bibliothèque reçoivent des numéros
qui en indiquent rigoureusement la place, assurent le maintien
de l'ordre et mettent directement les catalogues, inventaires et
répertoires en rapport avec les volumes ou les pièces?

Les pièces, dans certaines séries, ne doivent-elles pas être
classées à part?

N'y a-t-il pas avantage à conserver les recueils factices, plus
ou moins régulièrement constitués? Peut-on songer pour
l'avenir à en constituer de nouveaux avec des pièces non
classées?

La Réserve (1) ne doit-elle pas être l'objet de mesures par-
ticulières, indépendantes de celles qui seront adoptées pour
l'ensemble de la Bibliothèque?

Comment traiter les doubles (au nombre de 258,522 volumes), pour les mettre et les maintenir en ordre, afin d'y recourir pour le service du prêt, pour la dotation de la seconde
salle de lecture, pour le remplacement des exemplaires usés et
même pour la conclusion d'échanges avantageux pour la Bibliothèque?

N'y aurait-il pas lieu d'ouvrir une série particulière pour les

---

(1) La Réserve comprend : les incunables, les impressions sur vélin ou
sur papier exceptionnel, les ouvrages enrichis d'annotations manuscrites,
et généralement les livres qui, par leur condition, leur reliure ou leur
rareté, ont paru mériter des soins particuliers. Le nombre des volumes
de la réserve s'élève à 54.085. Comme annexe de la Réserve, on peut
mentionner la catégorie des livres obscènes, au nombre de 750.

périodiques et les recueils de sociétés savantes, pour ceux-là du moins qui n'ont pas été, jusqu'à présent, englobés dans des séries cataloguées ou qui ne se rattachent pas à une spécialité bien définie?

N'est-il pas urgent d'avoir un inventaire sommaire mais complet de la Section géographique? Des fiches ou des cartes ne devraient-elles pas êtres préparées ou revisées en vue d'un catalogue ou d'un répertoire détaillé des pièces qui composent cette section?

La Commission examinera sans parti pris, avec prudence et maturité, non-seulement ces questions, mais encore celles qui se présenteront dans le cours de la délibération. Éclairée par l'avis des personnes qui connaissent le mieux le Département des imprimés, elle proposera des solutions avec une autorité et une compétence qui ne sauraient être contestées. La ligne de conduite qu'elle tracera, une fois revêtue de l'approbation ministérielle, sera fidèlement suivie par tous les fonctionnaires qui ont l'honneur d'être attachés par un lien quelconque à la Bibliothèque nationale, et qui tous sont uniquement animés du désir d'améliorer l'état de nos incomparables collections, d'y rendre les recherches aussi sûres que rapides et d'en faciliter l'usage au public lettré, qui a journellement besoin d'y recourir.

L'Administrateur général Directeur,<br>L. DELISLE.

Novembre 1875.